Roberto Feliz, MD

¿Cómo amarraron al León?

EN LA POLÍTICA DE AMÉRICA LATINA
HASTA LOS GRANDES LEONES SE AMARRAN

Por Roberto Feliz, MD

Roberto Feliz, MD

Prólogo

Este libro está escrito de forma simple, precisa y versátil para todos los tipos de audiencia, niños, adultos y hasta ancianos de cualquier edad y preparación académica.

Este libro será y se convertirá en una forma de despertar la conciencia de los animales de la selva, para que así puedan ellos salir de la pobreza y se limpien del lodo de la pocilga de puercos, para que la gran selva pueda avanzar en el desarrollo y progreso de los animales.

En este libro, aunque su presentación es simple, la idea es que se parezca a una fábula, en realidad es una manera muy inteligente que el autor utiliza para explicar la verdadera realidad política y el conflicto de poderes de muchos países latinoamericanos.

Es algo notable de mencionar que al leer esta joya de libro nos recuerde muchos personajes de la vida política en Latinoamérica. No se si esa fue la intención del autor o es pura coincidencia.

El entendimiento y comprensión de esta historia basada en las "Leyes Inmutables del Poder" permiten al lector entender que cuando en un imperio, el que es el Rey de la Selva no sigue estas leyes dialécticas del poder termina perdiendo la fuerza y credibilidad, ocasionando caos y conflictos entre los animales de la selva, pudiendo incluso ocasionar las luchas de las mismas fuerzas del poder, creando una falta de liderazgo dentro de los animales de la selva.

Roberto Feliz, MD

Esperamos que el lector se motive a leer cada capítulo que están impregnados por el comportamiento de los animales y que al final algunas moralejas permiten entender el por qué de muchos problemas en la Jungla y como los animales pueden superar esta difícil y complicada situación que le ha tocado vivir.

La idea principal de esta historia esta basada principalmente en los animales de una selva que por muchos años ha sido manejada por leones que han ocupado la silla principal en el gran despacho, en el palacio, donde se han tomado decisiones que han afectado a las grandes masas de los animales de la selva.

La muerte, el hambre la pobreza, la falta de educación y falta de liderazgo de las grandes masas de animales junto con la deforestación están acabando en una gran parte del territorio de la selva, así como la inmigración de grandes masas de animales que quieren compartir los alimentos y el cuidado que tienen los animales privilegiados de esta gran Jungla en la gran selva.

Agradecimientos

Primeramente agradecer a Dios; por la vida que me ha regalado, por la metas alcanzadas y por los sueños logrados.

Agradecer a Claudia y Ziana Feliz, quienes han estado a mi lado todo este tiempo en que he trabajado cada noche en esta obra.

A mis hijas(os) que son mi mayor bendición.
A toda mi familia por su apoyo total; y esa creencia que nosotros "si" podemos.

Al Dr. Rafael Muñoz, Dr. Michell Vásquez y a el Dr. Eddie Feliz por exhortarme a que me atreviera a escribir esto.

Al personal de mi clínica por todo su apoyo y ayuda.
A todos "Mis pacientes" por confiar en mí siempre un grande agradecimiento para ellos.

Y a todos mis amigos, Gracias a Todos.

"El que tenga miedo decir la verdad, que se compre un León".

Roberto Feliz, M.D.

CAPITULO I

La primera vez que vi al León no era aún el "Gran León" que
hoy todos conocemos, ni tampoco había él logrado para ese entonces,
convertirse en el varraco mayor de la pocilga de puercos, "El Rey",
el Gran León de toda la selva.

Era él en ese entonces un leoncito, un 'varraquito' muy leído, visionario,
en busca de su destino. Su alto nivel de conocimientos políticos e
Historia Univeral lo llevaron a sobresalir y a distinguirse de los otros
leoncitos y de las varias hienas con similar visión quienes también
habitaban en la jungla.

En una selva o en una jungla, habitan muchos leones, que como fieras y
leones al fin, se debaten y se pelean por territorio. Aún así, nadie tenía
duda de que un día muy cercano, este León en particular, se convertiría
en el Rey, el Gran León de toda la selva y de esa misma manera, de todas
las hienas que habitan en ella, una hiena en particular se iba a convertir
en la hiena superior, la Gran Hiena.

Esta hiena era diferente al Gran León, mientras el Gran León era
discursante y gran orador, esta hiena era callada, reservada y observadora.
Pero aunque no tenía las mismas destrezas que tenía el Gran León, la
Gran Hiena tenía sus cualidades especiales, esta hiena daba e inspiraba
confianza, respeto y seguridad. Y como dicen en mi pueblo,
"Esos dizque callados, son los que tiran la piedra y esconden la mano", te
apuñalan sin cuchillo, y te hacen sangrar sin cortarte.
Cuídate de las hienas de esta jungla que te comen vivo.

Roberto Feliz, MD

Lo que nadie se pudo imaginar, inclusive el Gran Profesor de "Cabeza Blanca", era que en algún momento histórico, la Gran Hiena retaría al Gran León y se enfrentaría a él, lo vencería y lo amarraría.

Nadie se pudo imaginar que un león que rugía tan feroz y tan fuerte, legendario, icónico, poco a poco se dejaría acorralar de una hiena, que a pesar de ser la hiena mayor, la Gran Hiena, aparentaba ser callada, sumisa y poco potente.

La primera vez que vi la Gran Hiena, ya era ella la Gran Hiena. Ya ésta ocupaba el puesto principal y se sentaba en la silla principal del gran despacho. Es desde el gran despacho donde se ejerce un control absoluto de toda la jungla y de donde nace y se permite todo este desorden y corrupción organizada que día a día empeña el interés alto y compuesto y de donde se compromete la existencia con el bienestar futuro de la misma jungla.

CAPITULO II

¿Cómo se fué acorralando al Gran León?
Por no entender las leyes inmutables del poder.

De una manera ilógica, los mismos que lo rodeaban en aquel entonces, esos leoncitos, que lo apoyaron y estuvieron con él hasta convertirlo en el líder máximo, el Gran León y varraco mayor de la pocilga de puercos, esos mismos fueron los que contribuyeron a que se fuera creando la jaula, y se fuera moldeando el lodo, y la cadena con la cual está hoy enjaulado y amarrado el Gran León.

¿Y quién lo tiene amarrado?
La Gran Hiena, este felino que, créanlo o no, fue muy amigo del Gran León, pero a su debido tiempo se convirtió en agresivo, maquiavélico y calculador, y poco a poco le fue aplicando todas las leyes inmutables del poder, hasta quitarle fuerza y una vez debilitado, quitarle el poder. Ahora se autodestruyen.

Roberto Feliz, MD

A esta pocilga de cerdos les llegó su entropía, esa tendencia natural que tiene todo sistema a oxidarse, destruirse y derrumbarse.

Ahora se debaten el poder, la Gran Hiena contra el Gran León, las hienitas contra los leoncitos, los de una banda contra los de la otra. Todos buscan chupar de las tetas de la jungla y el problema no es que chupen, el problema es que se están chupando toda la leche sin dejarle nada a los pobres y desnutridos becerritos que también habitan en la jungla.

La hiena resultó ser mas feroz, más agresiva y más fuerte que el Gran León.

La Gran Hiena amarró al Gran León.

CAPITULO III

¿Y QUIÉN AYUDÓ A AMARRAR AL GRAN LEÓN?
Muchos ayudaron a su desdicha y fracaso.

Sobre todo él mismo fue el mayor causante de su derrota.
Otros también contribuyeron a que entrara al abismo donde hoy se encuentra atrapado el Gran León, en particular esos leoncitos, que lo acompañaran y todavía lo visitan en la pocilga y jaula prisionera, quienes a través de los años se convirtieron en sus máximos confidentes.
Ellos fueron los causantes de que poco a poco sus adversarios en especial la Gran Hiena, por medio de el uso de las leyes inmutables del poder le fuera aplicando los mandamientos maquiavélicos hasta acorralarlo y amarrarlo.

Hoy esta amarrado el Gran León. Está encerrado dentro de la pocilga de puercos de la cual de una manera u otra él ayudó a construir.

Hoy esta enlodado, esta sucio de ese lodo gris claro que cubre la pocilga y según me dicen esta bien amarrado. Muchos lo defienden y buscan liberarlo, otros lo culpan de su propio fracaso.

Cuando estuvo en el poder absoluto de la selva no hizo nada para limpiar el lodo que lo rodeaba. Hoy se ve bañado en el lodo que por un motivo u otro él no quiso o no pudo limpiar.

Como dice el dicho, "El que por su mala cabeza sufre, que sus penas le sean de gloria".

Roberto Feliz, MD

Siempre ha sido mi filosofía que: "El hombre se conoce no por sus hechos ni por sus logros, si no por lo que pudo hacer y lograr y no hizo ni logró".

El Gran León, con el poder y mandato absoluto que tuvo, pudo hacer y lograr tantas cosas para el bienestar de todos en la jungla, pero en su totalidad logró hacer muy poco. Y de ese poco que logró hacer salió contaminado y sumamente comprometido. Sus grandes proyectos y obras nacionales, aunque posiblemente necesarias para el desarrollo de la jungla, fueron todas sobrevaloradas y sobre presupuestadas arriesgando no sólo el presente sino también el futuro mismo de la jungla.

Dicen las malas lenguas que docenas de leoncitos fueron de tener nada a tener de todo, de súper pobres y jodidos a súper ricos y afortunados. De andar a pies a andar en jipeta súper montado. Como dijo el gago de mi pueblo; "cuan, cuan cuan, cuantos leoncitos multimillonarios, y con dinero pa, pa, pa... para mantener una esposa al igual que una que otra corteja a la vez.

¿Y por qué lo amarraron?
Porque fue muy permisivo cuando logró ser el Rey de la selva, el varraco mayor de la pocilga de puercos.

No se sabe de cierto que tan culpable es el Gran León de que hoy este amarrado dentro de la pocilga.
Lo que todos sabemos es que los leoncitos que lo acompañaban y lo rodeaban hicieron de la jungla todo y cuanto les dió sus ganas. La jungla se convirtió en un desorden organizado. Pocos tenían mucho y hacían de todo y los todos tenían poco y hacían poco.

La pocilga esta situada al sur de la selva y es el núcleo, el cordón umbilical de la selva.
Desde la pocilga dejó que todos hicieran lo que quisieran.

Nadie sabe con certeza si el Gran León sabía o no sabía lo que acontecía a diario por toda la jungla. Los que todos hoy saben es que, con todo el poder que tuvo, él pudo evitar muchos atropellos contra la jungla propia, pero no evitó nada, dejó que hicieran de todo y calló, guardó silencio cuando pudo y debió hablar, *"el que calla otorga"*

Muchos dicen que el Gran León si sabía y estaba muy enterado de todo cuanto pasaba en su jungla. También dicen que el Gran León se hacía de la vista ciega para no ver lo que a su frente ocurría.
No evitó los atropellos contra la jungla. Quizás porque nunca se imaginó que esos leoncitos se atreverían a tanto, leoncitos que poco a poco se fueron comiendo hasta la raíz de la jungla.

Lo que todos sabemos es que, el Gran León fue muy confiado. Se confió de su poder y de su gran habilidad como gran orador y gran habilidad de convencer a todos en la jungla. Confió que si algún día necesitaría re-convencer a los habitantes de su jungla lo haría sin dificultad y sin ningún problema usando técnicas de su gran inteligencia y trucos políticos pero se olvidó que la selva como los pueblos a veces castigan.

El Gran León fue castigado por los mismos habitantes de la jungla quienes en tiempos anteriores él lograba fácilmente convencer con discursos de alta inteligencia, pero a su vez nebulosos y confundidor.

El Gran León no percibió que ya en la jungla no existen indios, aquellos

bobos, sumisos, tolerantes que fácil se dejaban engañar con palabras
bonitas.

Al Gran León lo traicionaron. No solo lo traicionaron sus leoncitos y la
Gran Hiena si no también su inteligencia. Se confió en su gran nivel de
inteligencia, en sus años de fina lectura y amplia experiencia.
Después de todo, él fue el gran discípulo del Gran Profesor "Cabeza
Blanca" de la selva.

Fué el niño mimado del profesor, el progenitor donde el Gran Profesor
"Cabeza Blanca" depositaría todos sus conocimientos para que siempre
hubiera continuidad al proyecto y sus ideales en la jungla.

Al Gran León se le olvidó que la inteligencia se optimiza de varias mane-
ras: A través de libros, conferencias, cátedras o a través de las enseñanzas
que a través de los años te enseñe la vida.

También se le olvidó que él no fue exclusivo. Aunque él fue el primer
elegido, el prodigio del gran profesor, éste también depositó su confianza
y le enseñó a otras hienas en la jungla. Las hienas se agrupan y te atacan
en grupos. Dicen que unas de esas hienas, la Gran Hiena poco a poco fué
acorralando al Gran León.

Muchos dicen que el Gran Profesor "Cabeza Blanca" le enseñó mucho al
Gran León pero también le enseñó lo mismo a la Gran Hiena. Inteligente
el profesor– así siempre existiría un balance de poder en toda la selva.

¿Fué bueno o malo el Gran León? Si el León fue bueno o malo
depende de a quién se le pregunta en la jungla.
Según tengo entendido muchos dicen que sí, pero muchos dicen que no.

La jungla al igual que los pueblos a veces castigan a sus líderes.
La jungla castigó al Gran León.
Y como la historia siempre se repite a su debido tiempo la jungla
también castigará a la Gran Hiena.
El Gran León cuándo logró ser el varraco mayor de la pocilga de
puercos, tuvo en sus manos el destino absoluto de toda la jungla.
Pudo hacer mucho. Hacerlo todo. Pudo ser histórico, transcendente,
impactante, legendario, icónico. Pudo de una vez por todo cambiar el
rumbo de la jungla, pero hizo muy poco.

Cuando te ceden el poder o lo usas o lo pierdes. El Gran León no supo
usar el poder o no lo dejaron usarlo y lo perdió. Algunos dicen que se lo
quitaron.
De una manera ilógica le prestó el poder a la Gran Hiena, y ésta se negó
a devolvérselo. La Gran Hiena no fue fiel, no le fue fiel al Gran León.
No les fueron fiel al Gran León.
El Gran León no entendió que el poder no se presta, lo usa o lo pierde.

Toda jungla como todo pueblo exige siete cosas de quien está en
el poder:

1. Seguridad interna y externa
2. Fuentes de empleos
3. Educación
4. Vías de transportes
5. Libertad de expresión y libre albedrio (reunión)
6. Salud
7. Diversión y entretenimiento

El Gran León fracasó en todas.

¿Cómo amarraron al *León*?

Roberto Feliz, MD

-18-

CAPITULO IV

EL ENCUENTRO ENTRE EL LEÓN Y LA GRAN HIENA

Nadie sabe con exactitud cuando fue la primera vez que el Gran León conoció la Gran Hiena. Muchos dicen que fue el Gran Profesor "Cabeza Blanca" quien los introdujo.

La Gran Hiena ganó el poder. El Gran León perdió su poder.
En esta jungla solo uno, no dos, puede ser el Rey supremo y contar con el poder absoluto.

¿CÓMO PIERDE EL GRAN LEÓN SU PODER ABSOLUTO?
¡Porque poco a poco fue violando todas las leyes inmutable del poder!

El Gran León a pesar de ser descrito tan inteligente y capaz, desconocía, o no entendía o ignoró y violó las leyes inmutables del poder. Si violas estas leyes te castigan. La Gran Hiena castigó al Gran León.

Para serle honesto, no fue en sí que la Gran Hiena directamente venciera al Gran León. El Gran León poco a poco se fue derrumbando por si mismo. La Gran Hiena solo se aprovecho de su derrumbe.

Según Robert Greene, en su libro: *"48 laws of power"*, "Las 48 leyes del poder", si quieres poder, si tienes poder o si deseas poder no puedes violar estas 48 leyes, son inmutables, si las violas, poco a poco, violación por violación se te irá escapando el poder de tu control.
El Gran León las violó todas.

¿CÓMO EL LEÓN VIOLÓ LAS 48 LEYES INMUTABLES DEL PODER?

1. SI TIENES PODER, QUIERES PODER O NECESITAS MANTENERTE EN EL PODER NO DEBES QUITARLE BRILLO A TU MAESTRO.
El León le quitó brillo a su maestro.

Al Gran León se le olvidó que aunque él era el Gran León, el verdadero maestro de la selva era el pueblo y todos los que habitan en la selva.
El Gran León se sintió y se creyó ser superior a todos. Volaba muy alto. No se asociaba con su pueblo.
Nunca se le vió al Gran León sentarse en una silla plástica en el patio de un campesino a conversar de como le iba con la cosecha. Nunca se le vió directamente darle una bicicleta a un niño. No le dió dos libras de arroz y 1 libra de carne de pollo a un pobre. Ni se le vió directamente repartiendo colchones en las iglesias para que la gente durmiera mejor durante los huracanes. El Gran León veía estas hazañas como actos muy por debajo de su título y capacidad. El Gran León no se ensució las manos con la tierra campesina, ni tampoco de ensuciarse de grasa en el taller de Julito, llamado *"yo no fío."*
Al Gran León se le olvidó que la imagen visiva es de suma importancia.
El Gran León perdió contacto con la muchedumbre y los animales comunes en la selva. La selva (pueblo) dejó de identificarse con el Gran León. Cuando el Gran León volvió a pedirle apoyo a la selva/pueblo, ya la selva/pueblo no lo conocía.
El León quiso brillar más que el pueblo mismo. El pueblo se le enojó.
El pueblo le quitó el poder. Una vez debilitado, permite que la hiena lo rete, lo venza y lo amarre.
El pueblo le quita el poder. La Gran Hiena amarra al Gran León.

2. Si quieres poder, buscas poder, o necesitas mantenerte en el poder, nunca debes confiar mucho en tus amigos, busca formas de usar tus enemigos.

Este fue el gran error del Gran León, se protegió de sus enemigos, pero se confió de sus amigos.

Al Gran León se le olvidó que hay que temerle más a los amigos que a los enemigos. En su momento la Gran Hiena fue una gran y súper "amiga" del Gran León.
Los amigos son envidiosos, si no eres cuidadoso de los amigos, rápidamente te traicionan y se convierten en tus tiranos.
La Gran Hiena traicionó al Gran León. Los enemigos al cambio te la deben y por lo tanto se sienten mas comprometidos a ti, por ende son más fieles y temen fallarte.
El poder absoluto siempre exige tener o continuamente crear enemigos que balanceen o contrarresten los "amigos."

De una manera ilógica, la Gran Hiena fue "amigo" del Gran León y el Gran León resultó ser enemigo de la Gran Hiena. Por eso se explica que el Gran León fue fiel y no falló, mientras que la Gran Hiena fue infiel y falló.
La Gran Hiena amarró al Gran León.

3. Si quieres poder, buscas poder o necesitas mantenerte en el poder, debes mantener ocultas tus verdaderas intensiones.

El Gran León no ocultó sus verdaderas intensiones. Prestaría el poder pero muy pronto regresaría a buscar lo que el pensaba que era de él.

Todos sabían que desde que el Gran León le prestó el poder a la Gran Hiena, iría planeando su triunfal regreso. Pero el poder es como la mujer "No se presta".

El Gran León no se percató o se le olvidó que una vez la Gran Hiena se sentara en esa silla y entrara a esa oficina y saborearía los frutos de ser dominante absoluto de toda la selva, jamás le retornaría el poder al Gran León, no importando si esto solo había sido un préstamo o no.

La Gran Hiena fue maquiaveliando y preparándose para la guerra en tiempo de paz.

Cuando el Gran León regresó y solicitó el regreso del poder sobre toda la jungla, la hiena le peló los dientes– cada diente era un cuchillo; en cada diente llevaba evidencia venenosa contra el Gran León. Le tiró la malla de nylon de donde no se ha podido soltar el Gran León.

Así amarraron al Gran León.

4. Si tienes poder, buscas poder o necesitas mantenerte en el poder, debes siempre decir menos de lo necesario.

El Gran León dijo mas de lo necesario. El Gran León habló tanto que lo dijo todo.

Nadie dudaba que el Gran León era inteligente, educado, catedrático, orador y comunicador. Esas destrezas del Gran León, créanlo o no, fueron algunas de las causas por la cual perdería su poder como el gran Rey de toda la selva y una de las causas por la cual hoy esta enjaulado el Gran León.

El Gran León habló y dijo tanto que perdió su misterio. Perdió el elemento de sorpresa. Sus ideas y misterios estaban descifrados por los

habitantes de la selva, el Gran León se convirtió en nada más que otro león común. Cuando al final quiso hablar y conversarle a su jungla que lo siguieran, aún con ese gran y último discurso, nadie lo siguió porque para ese entonces el Gran León soñaba y rugía como cualquier otro león común.

La Gran Hiena se convirtió en más misterioso. La Gran Hiena decía menos de lo necesario. La Gran Hiena mantuvo el poder en sus palabras. El Gran León perdió el poder en sus palabras.
La Gran Hiena le ganó al Gran León. La Gran Hiena amarró al Gran León.
El Gran León no sabia o no entendió la cuarta ley del poder:
"Decir menos de lo necesario".

5. Si tienes poder, buscas poder o necesitas mantenerte en el poder, debes saber que tu reputación lo es todo. Defiéndela con tu vida.

Tu reputación es la base fundamental del poder. Lo más difícil es recuperar tu reputación una vez la hayas perdido. Con tu reputación puedes intimidar y ganar. Si pierdes tu reputación te vuelves vulnerable y te atacan.
La Gran Hiena poco a poco le fue haciendo huecos a la reputación del Gran León. Poco a poco le fue atribuyendo hechos que aun fueran cierto o no, la selva lo fue identificando como hechos del Gran León o permitido y otorgado por el Gran León. Todo lo malo que ocurría o ocurrió en la selva, fuera cierto o no, se le fue atribuyendo al Gran León.
Cuando el León quiso despertar, su reputación tenia mas hoyos que un guayo de esos con el que mi abuela guayaba el coco seco en mi campo.

La selva lo veía vulnerable y le perdió el respeto al Gran León, le agujerearon su reputación y la perdió. Al perder su reputación se volvió vulnerable. Perdió fuerza y se vió débil.

La Gran Hiena al ver esta debilidad lo retó. Lo atacó y no venció. La Gran Hiena le fue haciendo agujeros a la reputación del Gran León por toda la selva y de ese modo amarró al Gran León y lo encerró en la misma pocilga de puercos que de una manera u otra el ayudó a construir. La Gran Hiena le dió a tomar de su propio veneno. Cada vez que el Gran León intentaba moverse y rugir como León feroz la Gran Hiena, como hiena al fin, lo puyaba haciéndole otro hoyito por donde se le fuera saliendo y derrumbando mas su reputación. Lo dejo vacío y amarrado.

La Gran Hiena amarró al Gran León.

6. Si quieres poder, buscas poder o necesitas mantenerte en el poder bebes buscar atención a todo costo. Nunca dejes de brillar.

El Gran León dejó de brillar, dejó de ser el centro de atención. Cuando se hicieron los arreglos donde el Gran León le prestaría el poder a la Gran Hiena, el Gran León en vez de seguir brillando y luciéndose por toda la selva, se retiró y se subió a su árbol de lujos disque a leer libros de fina lectura.

Poco a poco él se fue oxidando. Se fue llenando de mojo. Como dice el dicho; "Fuera de los ojos, fuera de la mente", mientras que la Gran Hiena se lucía por toda la jungla el Gran León dormía subido en su árbol. Se desapareció y nadie lo vió.

La Gran Hiena se fue desplazando por toda la selva, demostrando, algunos dicen aparentando, que podía hacer más o mejor lo que hacía el Gran León, trabajar para el bienestar de todos en la selva.
A la hiena se le veía activa, emprendedora y trabajadora.
El León dormía profundo. Roncaba.

Cuando el Gran León logró despertar, ya estaba siendo olvidado. Se había oxidado. Estaba lleno de mojo. Cuando intento rugir y demostrar su fuerza y poder como antes lo hacia, ya nadie lo escuchó. Ya nadie le temía, ya solo era noticia y reliquia del pasado, el Gran León había perdido importancia en el presente, pero más importante, para el futuro cercano de la selva.

El futuro no era del Gran León. El futuro le pertenecía a la Gran Hiena. Solo se escuchaba sonar, aullar el ruido distintivo de la Gran Hiena. La Gran Hiena resultó ser más inteligente, más feroz que el Gran León, y cuando ordenó que se amarrara al Gran León, sobró hienas e inclusive otros leoncitos con sogas y cadenas en manos para tirárselas al cuello del Gran León, y lo amarraron… y lo encerraron en la pocilga de puercos que de una manera u otra el ayudó a construir. Esta preso el Gran León.

7. Si tienes poder, buscas poder o necesitas mantenerte en el poder, debes buscar que otros hagan el trabajo por ti, pero tomas tú el crédito.

La hiena aunque no era más inteligente que el Gran León, era mas sabia, más astuta, más tíguera, más buitre. Esperaba que otro hiciera el esfuerzo y trabajo, para ella comerse el mangú y su manjar.

El Gran León hizo todo el trabajo. Creó la plataforma, hizo el partido. Se fajó con todos y les ganó, desde que el Gran Profesor "Cabeza Blanca" lo eligiera como el niño prodigio, luchó con todos.

Se fajó con el Gran León ciego y ganó. Se fajó con el León bien prieto y ganó. Se fajó con un Gran León muy coloquial y le ganó. Pero luego de vencer a todos y obtener el poder absoluto de la jungla, se acostó a dormir en sus laureles. Le presto el poder a la Gran Hiena.

La Gran Hiena se aprovechó del trabajo y de la plataforma hecha por el Gran León. Convenció a todos en la jungla que ella había sido la creadora de la gran plataforma. Se tomó todo el crédito para ella. A la Gran Hiena le reconocieron el éxito. El León lo amarraron mientras dormía en sus laureles. La Gran Hiena le quita y controla el poder.

8. Si tienes poder, buscas poder o necesitas poder, debes hacer que los otros vengan a ti. Usa carnada si fuese necesario.

La Gran Hiena se preparó y esperó que el Gran León regresara por su poder. La Gran Hiena tenía su plan de permanecer en el poder, tenía todo preparado, mientras que el Gran León confiaba en su amigo, su gran compañero de batalla.

El compañero le preparó su carnada. Cuando el Gran León se vino a dar cuenta de las verdaderas intensiones de la hiena, ya era demasiado tarde, y todos los caminos en dirección al poder estaban cerrados. El único camino abierto lo dirigió a la jaula donde hoy esta amarrado el Gran León.

La Gran Hiena sabía y conocía mucho. Conocía los movimientos internos del Gran León. Conocía los grandes secretos del Gran León. "Muévete y tus grandes secretos serán de conocimiento público." Nadie sabe de cierto cuantos secretos del Gran León conocía la Gran Hiena, o si solo era un chantaje, un parentesco montado por la Gran Hiena y sus hienitas para intimidar al Gran León. Lo cierto es que les dió resultado. Acobardaron al Gran León, cedió, no luchó, calló y lo enjaularon.

El que calla admite por cierto lo que a él o a ella se le atribuye. Tiene secretos comprometedores el Gran León, hasta que el demuestre lo contrario. Es culpable hasta que demuestre ser inocente. El inocente habla y se defiende. El culpable calla. El Gran León calló. Prefirió enjaularse que hablar. ¿Y cuál sería el secreto o secretos comprometedores del Gran León?

9. Si tienes poder, buscas poder o necesitas mantenerte en el poder, debe ganar a través de tus acciones y no a través de tus argumentos.

El Gran León hablaba mucho, discursaba mucho. Usaba argumentos para convencer a sus amigos y enemigos. Pero sus acciones, sus logros y evidencias fueron muy pocos.
Rugía mucho pero mordía muy poco. Sus palabras no se convertían en acciones.

El Gran León hablaba más que de lo que hacia y sembraba por toda la selva. Poco a poco sus palabras y argumentos fueron perdiendo valor. Ya nadie en el confiaba. El Gran León ofertó y argumento miles de falsas promesas. Sus palabras se la llevaba el viento. Sus palabras no tenían peso de realidad. Se convirtió en un farsante y se le comenzó a llamar el gran charlatán.

La Gran Hiena en cambio, hablaba muy poco. La Gran Hiena demostraba con hechos y acciones en vez de explicar. Cuando a la Gran Hiena se le pedía argumento y explicación, contestaba: Mira mis hechos y logros, ellos hablan por si solos.

La selva le dió mérito a la Gran Hiena. La Gran Hiena se identificaba con la selva, el Gran León perdió su identidad.

Según el famoso dicho: "Podrás engañar algunas gentes algunas veces, pero no podrás engañar todas las gentes todas las veces". Todos desenmascararon al Gran León, perdió su imagen y perdió su fuerza.

El pueblo votó la llave.

La Gran Hiena amarró al Gran León, y nadie sabe donde esta la llave ó quien la tiene.

10. SI TIENES PODER, BUSCAS PODER O NECESITAS MANTENERTE EN EL PODER, DEBES NO INFECTARTE.

Al Gran León lo infectaron o mejor dicho, se dejó infectar. ¿De quién? De los leoncitos que lo rodeaban. Entre su circulo mas cercano, habían dos en particular de carácter infeccioso.

El Gran León no se daba cuenta de que poco a poco lo fueron infectando. Infección como toda infección que no se elimina a tiempo, se va regando y complicando hasta destruirte.

El León se destruyó y muchos dicen que si no se hubiese destruido el León la infección se hubiese propagado por toda la selva; destruyendo a si la misma.

El Gran León no quiso entender o se segó por la fidelidad. Cuando tienes a tu alrededor leones infectados, de aura negativa, ¡desdichado, salte de su lado!, no trates de salvarlo. Si lo mantienes a tu lado, te infecta con toda su energía negativa y destructiva, hasta que te destruyen.
El Gran León se destruyó por mantener a su lado unos leoncitos mal infectados.
El León debió haber cortado esos leoncitos desde el principio. Optó por no hacerlo. Se contaminó y se destruyó.

La Gran Hiena lo vió infectado, débil y lo atacó, lo eliminó y lo amarró. La Gran Hiena amarró al Gran León.

11. SI TIENES PODER, BUSCA PODER O NECESITAS MANTENERTE EN EL PODER, DEBES APRENDER A MANTENER LA GENTE DEPENDIENTE DE TI.

Aprendieron a vivir sin el León. En la jungla ya no se dependía del Gran León. El Gran León enseñó y demostró todo lo que sabía. En un momento dado, los estudiantes sabían más que el Gran León.
La Gran Hiena fue demostrando, que no era necesario el Gran León para el progreso de la selva. Nadie es indispensable. El Gran León se volvió indispensable, "Periódico leído, se vota a la basura". El Gran León se convirtió en un periódico leído de ayer, lo tiraron al olvido, lo tiraron a la basura.

La Gran Hiena amarró al Gran León.

12. SI TIENES PODER, BUSCAS PODER O NECESITAS MANTENERTE EN EL PODER DEBES USAR HONESTIDAD Y GENEROSIDAD SELECTIVA PARA DESARMAR TUS VÍCTIMAS.

El Gran León no entendió o se le olvidó entender que en el área del poder nadie le es fiel a nadie y peor aún nadie es amigo de nadie.

Y como dice la vieja canción en salsa, "Perro come perro y por un chavo te matan".

La Gran Hiena con su plan maestro fué muy selectiva en su actos de honestidad y generosidad. De vez en cuando hacia y dejaba verse haciendo un acto de honestidad y generosidad con alguna que otra acción o para una que otra inferior hiena o otro inferior leoncito en la selva.

La Gran Hiena tenia su plan maestro. Con esto quería afincar cariño y respeto no solo con el Gran León mismo, si no también para todos en la selva. Pero en realidad cada acto de honestidad y generosidad era parte de su armamento y de las redes con la cual derrumbaría y atraparía al Gran León.

Al Gran León le enseñaron pequeños actos de honestidad y generosidad. Con esto lo sedaron, lo bobearon, lo tranquilizaron, lo enjaularon y lo amarraron.

La Gran Hiena amarró al Gran León.

13. SI TIENES PODER, BUSCAS PODER O NECESITAS MANTENERTE EN EL PODER, DEBES SABER QUE CUÁNDO TENGAS QUE PEDIR AYUDA, EXPLÍCALE EL BENEFICIO O INTERÉS EN AYUDARTE, NO PIDAS PORQUE TE DEBEN FAVORES, LÁSTIMA O GRATITUD.

El Gran León debió entender que la Gran Hiena no le iba a regresar el poder por la simple razón de ser Gran León. ¡No! "El poder no es tu herencia", le dijo la Gran Hiena al León, dicen los que estaban en la reunión. El Gran León acudió al pueblo. Pero se equivocó, en vez de explicar todos los beneficios a la jungla si le hubieran devuelto de nuevo el poder, lo que dio fue lástima. Pidió que por favor le entregaran su poder, este dijo; "Yo no lo perdí", "Yo solo lo presté", y lo prestado se debe devolver por gratitud. Pero el pueblo no fue grato. La jungla no fue grata ni la hiena tampoco, quien tu fuiste o hiciste ayer no importa nada. Dime que vas hacer por mí hoy es lo único que importa.

En vez de venir a pedir favores, el Gran León debió venir a decirle a todos; Esto haré por todos ustedes con el nuevo poder:

¡Trabajo para todos! ¡Cómo!
Nunca hay necesidad de dar detalles cuando se busca poder.
¡¡Educación y universidad grátis para todos!!
¡¡¡Seguridad total para todos!!!
Salud grátis para todos. ¿Cómo?
Diversión para todos: niños, adultos y viejos.

Les daré todo grátis, (En esta jungla todos quieren que le den).
¿Y a quién no le gusta eso?
¡Yo soy la solución total!

Así debió hablar el Gran León cuando regresó a buscar el poder.
Los detalles de como haría eso no tiene importancia en asuntos de
promesas de poder. El cómo no importa, lo que importa es que
prometa y prometa siempre.

Como una vez le oí decir al ya fallecido Gran León ciego:
"No es que yo no quise cumplir mis promesas si no que las circunstancias han cambiado."

Las circunstancias siempre cambian, por ende, en asuntos de poder, las
promesas nunca se cumplen. Las promesas del poderoso no son hechas
con planes de cumplirse.

Le oí decir una vez al Gran León coloquial– "Mas vale un gusano en
letrina de campo que una promesa de un poderoso."
Todas estas cosas le daré cuando me regresen el poder, así debió haber
hablado el Gran León. Pero no fue así, optó por recordarles a todos el
pasado, y no se enfocó en el futuro.
Vino a pedir favores basado en quien él fue, se le olvidó explicar quien
él iba a ser, o mejor dicho, que él iba a hacer con el nuevo poder, pero no
prometió nada.

14. Si tienes poder, buscas poder o necesitas mantenerte en el
poder, debes aparentar ser amigo, pero trabajando como un espía.

Ahí es donde la Gran Hiena obtuvo su doctorado. Antes de que le
prestaran el poder, aparentaba ser gran amigo del Gran León, almorzaban
juntos, cenaban juntos, se sentaban juntos, se reían juntos y mas que
todo, planeaban estrategias del poder juntos.

Pero todos esos momentitos de buena amistad eran solo tácticas maquiavélicas de quien busca poder.

La Gran Hiena aprendía y estudiaba detalle por detalle como pensaba el Gran León, como se movía, que planeaba y las estrategias de este.
La Gran Hiena no era mas que la espía desde adentro.
Espió todo del Gran León.

Cuando el Gran León quiso moverse y reintegrarse al poder ya la Gran Hiena tenía contrarrestado todos sus movimientos. Para cada acción del Gran León, la Gran Hiena le tenía igual y mejor contra reacción.
Espiaron al Gran León. Así quedó amarrado el Gran León.
La Gran Hiena amarró al Gran León.

15. Sɪ ǫᴜɪᴇʀᴇs ᴘᴏᴅᴇʀ, ʙᴜsᴄᴀs ᴘᴏᴅᴇʀ ᴏ ɴᴇᴄᴇsɪᴛᴀs ᴍᴀɴᴛᴇɴᴇʀᴛᴇ ᴇɴ ᴇʟ ᴘᴏᴅᴇʀ, ᴅᴇʙᴇs ᴇʟɪᴍɪɴᴀʀ ᴛᴜs ᴇɴᴇᴍɪɢᴏs ᴘᴀʀᴀ sɪᴇᴍᴘʀᴇ ᴏ ᴛᴇ ʜᴀʀÁɴ ɢʀᴀɴ ᴅᴀÑᴏ.

Esto es obvió. Al enemigo hay que destruirlo en alma, espíritu y cuerpo. Destruirlo desde la raíz.
El Gran León no se dió cuenta que tenía el enemigo dentro. El enemigo estaba sentado a su mano derecha.

16. Eʟ ǫᴜᴇ ᴛɪᴇɴᴇ ᴘᴏᴅᴇʀ, ʙᴜsᴄᴀ ᴏʙᴛᴇɴᴇʀ ᴘᴏᴅᴇʀ ᴏ ᴍᴀɴᴛᴇɴᴇʀsᴇ ᴇɴ ᴇʟ ᴘᴏᴅᴇʀ, ᴛɪᴇɴᴇ ǫᴜᴇ ᴛᴇɴᴇʀ ᴜɴᴀ ʀᴇᴅ ᴅᴇ ᴠɪɢɪʟᴀɴᴄɪᴀ ʏ ᴏʀɢᴀɴɪsᴍᴏ ᴅᴇ ᴇsᴘÍᴀs.

Es triste decirlo, pero para mantenerse en el poder tienes que mantener muy cerca de tí y muy vigilados tus enemigos. El Gran León no se dió cuenta que tenía cerca de él al enemigo. Este fue uno de sus grandes errores. No se preocupó en vigilarlo. La Gran Hiena al cambio mantuvo muy vigilado al Gran León.

El poder por si mismo te lleva a que te envidien y por ende, a cosechar enemigos. La envidia es dañina y enemiga del poder. La Gran Hiena siempre envidió al Gran León. Después de todo el Gran León era el niño mimado del Gran León Profesor "Cabeza Blanca". A Los niños mimados siempre se les envidia.

Si tienes poder, tienes enemigos y si no los tienes es porque te están aparentando o se te están vendiendo como ovejitas sanitas.

Si eres poderoso y sientes que no tienes enemigos, invéntate un par para no perder la práctica y costumbre de sentirte que en si tienes enemigos.

El que tiene poder conoce a sus enemigos y busca usarlos y sacarles provecho. Y una vez que éste ya no le sea útil o lo hunde o lo deja hundir, inclusive, si es posible, húndiría a todos los que al enemigo rodean. Y no te olvides de sus familiares.

Si lo perdonas o lo salvas, te hundirán ellos a tí.

Al Gran León lo hundieron y lo amarraron porque no hízo el esfuerzo en conocer su verdadero enemigo en el poder: la Gran Hiena.

17. Sɪ ǫᴜɪᴇʀᴇs ᴘᴏᴅᴇʀ, ʙᴜsᴄᴀs ᴘᴏᴅᴇʀ ᴏ ɴᴇᴄᴇsɪᴛᴀs ᴍᴀɴᴛᴇɴᴇʀᴛᴇ ᴇɴ ᴇʟ ᴘᴏᴅᴇʀ, ᴅᴇʙᴇs ᴜsᴀʀ ʟᴀ ᴀᴜsᴇɴᴄɪᴀ ᴘᴀʀᴀ ᴀᴜᴍᴇɴᴛᴀʀ ʀᴇsᴘᴇᴛᴏ ʏ ʜᴏɴᴏʀ.

Lo muy ocurrente y lo visto muy frecuente pierde valor. Esto es cosa de demanda y oferta. Si la oferta es mucha, se satura el mercado y la demanda, precio y valor baja.

El que tiene poder o busca poder debe hacer falta y siempre ser ansiado. Nunca sobrado o repetido.

El que tiene poder o busca poder siempre debe estar en alta demanda. Nunca sobreofertado.

El Gran León se ausentó. Pero no fue selectivo. Se presentó cuándo debió ocultarse y se ocultó cuando debió presentarse.

Por no ser selectivo en sus ocurrencias y presentaciones públicas, el Gran León fue disminuido en respeto y honor.

El Gran León se sobreofertó.

Poco a poco el Gran León fue perdiendo respeto por toda la jungla.

Incluso, oí decir que en el extranjero hasta piedra le tiraron; forzándolo a salir por la puerta de atrás (New York y Miami).

Su sobreoferta lo llevó a perder credenciales y valor.

Su discursos habían sido ya oídos por toda la jungla.

Esos discursos ya no causaban sensación como previamente lo hacían.

18. EL QUE TIENE PODER, BUSCA PODER O QUIERE MANTENERSE EN EL PODER, TIENE QUE MANTENER LA GENTE EN UN TERROR SUSPENDIDO. *Cultivar un aire de impredecibilidad.*

El Gran León se volvió predecible. El rugir del Gran León ya no causaba terror. Cuando rugía ya todos en la selva sabían que detrás del ruido no había dientes ni colmillos capaz de morder. Como dice el mudo de mi campo, ¡"Al Gran León lo dejaron, me' me', Mella'o"!

El Gran León se volvió predecible. Un León predecible no sorprende a nadie.

Un León predecible no es buen cazador y no logra dominar su presa.

Un León sin poder cazar su presa pasa mucha hambre y mucho trabajo.
Un León con hambre no es potente, no es vigoroso.
No es energético.
Un León debilitado se convierte de cazador a caza, de perseguidor a perseguido.
A un León debilitado, lo atacan las hienas. La Gran Hiena atacó y venció al Gran León.

La Gran Hiena amarró al Gran León.

19. Si tienes poder o buscas mantener poder, no debes construir castillo de protección.

La insolación es peligrosa para el que tiene poder, está en el poder o busca el poder.

El Gran León luego de prestar el poder se aisló y de la jungla se ausentó. Muchos dicen que el Gran León se acostó a dormir su siesta. Se sentó a vivir de su fama y sus laureles. Nadie lo veía. Otros dicen que no fue que el Gran León se ausentó si no que lo ausentaron.
Cualquiera que fuese la razón, la verdad es que nadie lo veía.

El Gran León prestó el poder y se ocultó.

Cuando tienes poder, busca poder o quieres poder, tienes que dejarte ver. Tienes que hacer o aparentar que estas haciendo. En la jungla a nadie le importa lo que tu hiciste ayer. Quien tu fuiste o eras ayer. Dime que vas hacer por mi hoy. Dame lo mío hoy. En la jungla se olvidan de lo que le diste ayer.

La hiena era más visible por toda la jungla que el Gran León. Se veía haciendo más que el Gran León. La jungla se identificó más con la hiena que con el Gran León. El Gran León perdió su aura de omnipotente.

El Gran León perdió poder.
La Gran Hiena sumó poder. El Gran León restó poder.
La hiena lo vió débil y vulnerable. La Gran Hiena lo amarra.

La Gran Hiena amarra al Gran León.

20. SI ESTÁS EN EL PODER O BUSCAS PODER, DEBES CONOCER BIEN A QUIEN ESTAS TRATANDO.

Nunca ofendas la persona equivocada. Este fue el gran error del Gran León. El Gran León no conocía bien a quien estaba tratando; a la Gran Hiena.

El Gran León, durante sus momentos de compañerismo y amistad con la Gran Hiena, quizás sin querer o sin darse cuenta, ofendió a la Gran Hiena. La Gran Hiena se sintió ofendida. La Gran Hiena es rencorosa y nunca olvida. A su tiempo y en todo momento que podía reunía todas las armas, las balas y puñales los cuales a su debido momento usaría contra el Gran León. Le cobraría con interés compuesto su ofensa.

Lo heriría, lo atraparía, le haría hoyos en su defensa y lo amarraría.

Así fue como la Gran Hiena amarró al Gran León.

21. CUANDO TIENES PODER O BUSCAS PODER, NO TE DEBES COMPROMETER CON NADIE.

El Gran León no entendió o se olvidó de las enseñanzas del Gran León casi ciego que por muchos años supo y pudo mantener el poder absoluto sobre la jungla. El que tiene poder o busca poder debe prometerles a todos. Pero prometer no es garantizar.

Si puedes cumplir tus compromisos bien y si no puedes pues no te preocupes. Como varias veces dijo el Gran León casi ciego "No es que no quise cumplirte o cumplirle sino que las circunstancias han cambiado".

Y con eso arreglaba todo.

El Gran León se comprometió con varios, especialmente con el círculo de leoncitos que lo rodeaban. Compromisos peligrosos que a su momento dado lo llevaron al abismo. Quiso y le cumplió a todos. Cuando en realidad le hubiese sido mejor no haberle cumplido a ninguno. Pero el Gran León o era persona fiel y de palabras o sus compromisos eran en si consigo mismo.

Los pocos comieron de todos y los todos comieron nada. La jungla poco a poco se fue dando cuenta que el Gran León solo le cumplía y les daba

de comer a los de él y estos no dejaban caer ni las migajas a los otros.
Varias veces oí decir, "Eran unos comes solos."

Una jungla con hambre y la barriga vacía es rencorosa y peligrosa. A su
debido tiempo le sacarían cuentas al Gran León. "Que no se apure que un
día nos la paga", se escuchaba con frecuencia por toda la selva.

La hiena se aprovechó del hambre y miseria por todo la jungla y fue
demostrando que podía hacer igual o quizás mejor trabajo que el Gran
León. La hiena con el poder prestado comenzó a brillar por toda la
jungla. Poco a poco le fue quitando brillo al Gran León. Todos miraban
como brillaba la Gran Hiena y como se le apagaba el brillo al Gran León.
El poderoso nunca deja que brille otro mas que él. Un león sin brillo es
un león apagado.

La hiena apagó al Gran León. Lo durmió y lo amarró.

La Gran Hiena amarró al Gran León.

22. Sɪ ᴛɪᴇɴᴇs ᴘᴏᴅᴇʀ ᴏ ᴅᴇsᴇᴀs ᴍᴀɴᴛᴇɴᴇʀ ᴏ ᴏʙᴛᴇɴᴇʀ ᴘᴏᴅᴇʀ, ᴀᴘᴀʀᴇɴᴛᴀ
sᴇʀ ʙᴏʙᴏ, ᴘᴀʀᴀ ᴀᴛʀᴀᴘᴀʀ ᴀ ᴜɴ ʙᴏʙᴏ. Aᴘᴀʀᴇɴᴛᴀ sᴇʀ ᴍᴀs ɪᴅɪᴏᴛᴀ, ᴍᴀs
ɪɴᴏᴄᴇɴᴛᴇ ǫᴜᴇ ʟᴏs ᴅᴇᴍás.

En esto la Gran Hiena tenía un doctorado. La Gran Hiena aparentaba ser
una ovejita inofensiva: sumisa, callada, reservada. Por decirlo mejor, la
Gran Hiena por el frente, no rompía un plato. Pero por detrás ordenaba
que rompieran toda la vajilla.

La Gran Hiena era en sí calculadora, cortante, rencorosa y decidida.
La Gran Hiena era nada más que un gran estratega, de personalidad y
carácter doble; dudoso. La Gran Hiena como hiena al fin atacaba y
peleaba en grupo. Mientras la Gran Hiena se reía por delante, tenía su

equipo de hienas inferiores que te atacaban por detrás y le hacían su trabajo sucio. Así atacaba y acorralaba la Gran Hiena al Gran León. Lo mantenía riéndole y abrazándole de frente mientras por detrás su equipo de cazadores les comían las nalgas y todo el trasero al Gran León, hasta dejarlo en los huesos.

Muchos se preguntan que como pudo ser que el Gran León no sintiera y no se diera cuenta que le mordían y le despedazaban el trasero. Según los que estuvieron cerca, así fueron ocurriendo los hechos; la Gran Hiena tenía un sedante seductor y sus finos y afilados dientes estaban cubiertos con un gel de anestesia sedante. Antes de atacarte, te anestesiaba, te sedaba, te acariciaba, te hipnotizaba y cuando te sentías todo relajadito, confiadito y dormidito, te daba la gran mordida y mientras dormía anestesiado, te dejaba sangrar. Una hemorragia descontrolada te debilitaba y te llevaba poco a poco a la muerte.

La Gran Hiena le causó una hemorragia incontrolable al Gran León. Hemorragia que poco a poco lo fue debilitando. Una vez débil, lo atacó, lo acorraló y lo amarró.

La Gran Hiena amarró al Gran León.

El Gran León en cambio, por ser el Gran León, tenía que aparentar y verse ser fuerte de musculatura voluminosa definida, feroz y de temible rugir.

Al Gran León por ser el Gran León todos le temen. No puede usar tácticas de ser sumiso y tímido. Por esa aura de poderoso y por temor a él todos cuantos a él quieren acercarse lo hacen con cautela, alertos, bien preparados y bien armados. La Gran Hiena se le acercó con todos los fusiles cargados y los dientes bien afilados.

La Gran Hiena amarró al Gran León.

23. EL QUE BUSCA PODER, QUIERE PODER O BUSCA MANTENERSE EN EL PODER, DEBE APARENTAR RENDIRSE PARA RECUPERAR TIEMPO Y ASÍ PODER.

El Gran León no aprendió esta gran lección. El Gran León no pudo o no supo medir el pulso del deseo de la jungla. Los aires victoriosos no giraban a su favor. La corriente y la marea de deseos políticos por toda la jungla circulaba en su contra. Todos los caminos iban a otro destino y ninguno pasaba por la puerta o aspiraciones del Gran León.
Cuando esto ocurría el león debió aparentar rendirse para recuperar tiempo y quizás luego poder.

Muchos dicen que no era que de por si el Gran León quería insistir. Si no que los leoncitos infecciosos a su alrededor lo tenían mal dirigido y mal informado. Estos leoncitos querían volver al poder a todo costo. Les hacía falta y querían volver a chupar de la tetera proveedora de grandes riquezas y grandes lujos que solo da la jungla cuando controlas el poder absoluto como un día lo tuvo el Gran León.
Rendirse a tiempo. Eso debió hacer el Gran León. Es importante saber cuando es tu tiempo y cuando no lo es. Definitivamente este no era el momento ni el tiempo de regreso del Gran León.

El Gran León Insistió regresar como si el poder máximo de la jungla era de su propiedad o herencia familiar. La jungla como los pueblos a veces castigan al niño que se porta mal. La jungla castigó al Gran León.

La hiena lo ve castigado, desconcentrado, mal informado y lo atrapa.
Lo encierra y lo amarra.

La hiena amarró al Gran León.

24. CUANDO TIENES PODER, QUIERES PODER O BUSCAS MANTENERTE EN EL PODER, DEBES CONCENTRAR TODAS TUS FUERZAS.

En esto la Gran Hiena fue más ágil que el Gran León mientras el Gran León seguía con la cara sucia e infectado por los leoncitos que lo rodeaban, la Gran Hiena aparentaba verse pura y creadora, digo–aparentaba, por que en esta jungla no hay ni santos ni puritanos, en esta jungla, especialmente entre esos que se debaten el poder dentro de la pocilga de puercos el que no corre vuela y si no cojea le falta una pata.

La apariencia como tu reputación lo es todo.
Si aparentas hacer bien y tu reputación es buena, eso se convierte en tu imagen y tu realidad.
La hiena aparentaba, se le veía hacer y crear por toda la selva unque la verdadera realidad era otra.
En cambio, al Gran León se le veía sucio, infectado y contagiado, rodeado de unos leoncitos que por atreverse a tanto durante su paso por el poder habían quedado fichados y eran temibles por toda la jungla.

Por ende, como dice el refrán "Dime con quien andas y te diré quien eres". El Gran León perdió imagen y se convirtió simplemente en otro leoncito. Dejó de ser el Gran León.

De una manera ilógica la Gran Hiena creció de estatus y se convirtió en

el Gran León y al Gran León disminuyó su estatus y regresó o lo regresaron a ser un simple cachorrito, sin fuerza ni ferocidad y tuvo que seguir ordenes y alinearse a los mandados de la Gran Hiena; el nuevo León de toda la selva.

¿Cuáles en sí eran los secretos y trapos sucios que conocía la Gran Hiena en perjuicios del Gran León? eso, muy pocos lo saben. Yo solo me puedo imaginar, me supongo por ejemplo; que más sabía la Gran Hiena los grandes secretos del Gran León que el Gran León de la Gran Hiena.

Lo que si sé es que la Gran Hiena amarró al Gran León.

25. El que tiene poder, busca poder o quiere mantenerse en el poder, debe jugar a ser el perfecto cortés.

El Gran León no se perfeccionó y no sembró su poder en tierra estable. Pensó haberlo hecho antes de prestarlo pero no lo logró. Su poder estaba sembrado en tierra inestable y movediza. Por ende, con cualquier tormenta, ajuste o cambio de opinión en la jungla el poder del Gran León sería derrumbado.

Al Gran León se le olvidó que para tener y mantener el poder, debes siempre jugar a ser el gran cortés: Aparentar ser siempre amable, accesible para todos.

El Gran León optó por ser inaccesible e inalcanzable.

Mientras el Gran León dormía su letargia siesta muy confiado de que sus logros anteriores y laureles en poco tiempo sería mas que suficiente, para que todos en la jungla le retornaran el poder, la Gran Hiena trabajaba, hacía, lograba, demostraba con su labor y actos de "cortesía", que ella era igual y quizás mejor opción que el Gran León y lo logró. Se volvió la hiena mas poderosa y elegida de toda la historia en la jungla. La hiena se volvió cortés y amable con todos, con alguna que otra excepción buscaban y querían estar al lado de la hiena. La hiena se convirtió en "la persona más grata." El León se convirtió en la persona mas ingrata. Por ende, la hiena fue creciendo y se convirtió de una simple hiena a la Gran Hiena.

Con ese poder totalitario, la Gran Hiena solo tuvo que ordenar que amarraran al Gran León. Lo ordenó y lo amarró.

26. Si tienes poder, quieres poder o buscar mantenerte en el poder, debes re-crearte siempre. Re-inventarte siempre.

El Gran León no se reinventó. Cuando regresó, no trajo nada de nuevo. El Gran León regresó con el mismo disfraz y la misma cabellera. Hizo mucho ruido, mucho sonidos y mucha publicidad. ¡Llegó el león! Pero lo estaban esperando. Regresó con los mismos ideales y con las mismas ofertas del pasado. El León siempre estaba subido en el palo.

El Gran León regresó confiado. Regresó fuerte y rugiente pero le faltó creatividad.

Al Gran León se le olvidó que los tiempos, las creencias y los pueblos cambian.

La jungla y sus animales evolucionan y el Gran León no evolucionó.

Se confió de la historia. Se confió de que una vez fue un Gran León, siempre sería un Gran León.

El Gran León apostó a él y fracasó.

Llegar al poder es fácil, mantenerte es sumamente difícil.

El León llegó a la cima del poder de toda la jungla pero no fue legendario. Le faltó lo mas importante, convertirse en indispensable.

El Gran León fue olvidado, no dejó huellas, fue reemplazado.

El León no se convirtió en un ícono.

Si no eres legendario e icónico te vuelves común y ordinario.

Al común y ordinario fácil lo olvidan y lo reemplazan.

Al Gran León lo reemplazaron.

La Gran Hiena aprovechó a lo máximo la oportunidad que le había cedido su "gran amigo" El Gran León.

La Gran Hiena estudió al Gran León. Estudió lo bueno y lo malo y lo bueno lo mejoró y de lo malo se alejó. De otra manera, la Gran Hiena no se infectó. La Gran Hiena no siguió los pasos y el camino trazado por el Gran León. Creó algo nuevo, se re-inventó.

La Gran Hiena amarró al Gran León.

27. Si tienes poder o si te quieres mantener en el poder, debes mantener las manos limpias.

Al Gran León le ensuciaron las manos y él no hizo nada para evitar la contaminación y la acumulación de dudas que poco a poco se les fue atribuyendo.

De nuevo, el Gran León calló y permitió cuando debió evitar y castigar. Muchos dicen que el Gran León permitió todo este desorden organizado porque por debajo de todo el era parte premium del desorden. Y que a largo plazo, el más beneficiado sería el Gran León.

Otros juran que no, que el Gran León era inocente de todo ese desorden y que cuando se enteró ya era tarde, ya todo el daño estaba hecho y sin él darse cuenta tenía sus manos sucias, muchos dicen contaminadas.

¿Y quién contaminó al Gran León?

Sus leoncitos, a quienes el Gran León les permitió rienda suelta por toda la jungla.

Según me contó el Profesor Catedrático experto en los sucesos ocurridos, "Si no se les hubiese acabado el período de gobierno del Gran León, se les hubieran comido hasta la raíz a la jungla".

El Gran León, no entendió los daños que les habían hecho a él o simplemente no le importó los daños hechos a toda la jungla o quizás, se confió de que por ser él el Gran León podría a su debido momento re enamorar y re-convencer a todos cuando fuere su tiempo de regresar en busca de su poder.

Al Gran León se le olvidó que a veces los pueblos se cansan, los pueblos van aprendiendo, se van educando y a veces castigan.

Al Gran León lo castigaron. Por más que rugió, gritó y peleó, el pueblo no le devolvió el poder.

La Gran Hiena tenía las manos limpias. El pueblo la quería, de ser simplemente un guarda poder y guarda silla, se convirtió en el dueño del poder y el dueño de la silla.

La Gran Hiena supo que hacer con el poder. El Gran León no.

¡La Gran Hiena derrumba al Gran León!.
¡La Gran Hiena amarró al Gran León!

28. Si tienes poder, buscas poder o necesitas mantenerte en el poder, bebes jugar con las necesidades de los demás para crear un culto de seguidores.

Si tienes poder, buscas obtener poder o deseas mantener poder, debes hacerte indispensable con las necesidades de los demás para crear tu culto de seguidores que te apoyen y te sigan.

El Gran León, aunque si tenía sus seguidores y quien lo apoyara, no creó un culto de fieles seguidores. La fidelidad se gana con el trabajo, comportamiento, igualdad y esfuerzo. Por una razón u otra, el pueblo y la jungla no se unieron o se entregaron al culto del Gran León.

El Gran León no creó fieles y devotos seguidores.
No le fueron fiel al Gran León.
La verdad es que en esta jungla nadie le es fiel a nadie. Todos se venden; las alineaciones, la fidelidad y hasta la misma devoción.
"Olvídate de lo que hiciste, dime que vas a hacer (darme) ahora" es lo único que importa. *"Tell me what you are going to do for me now."*
El pasado no importa. La historia no importa. El futuro no importa.
En esta jungla solo importa el presente y el ahora.

Al Gran León lo dejaron solo.

Muchos dicen que por su propia culpa, porque cuando controlaba todo y a todos, cuando todos los bienes y lujos de la jungla estaban bajo su

absoluto control, le gustaba comer solo.

Dicen que hasta las boronitas sobrantes las recogían y solo las compartían él y sus leoncitos más cércanos.

Un león solo, aún sea el Gran León cazador es un león débil.
La Gran Hiena, cazadora oportunista vé al Gran León débil y solo.
Lo ataca, lo vence y lo amarra.

La Gran Hiena amarró al Gran León.

29. SI QUIERES PODER, BUSCA PODER O NECESITAS MANTENERTE EN EL PODER, DEBES ENTRAR A TUS ACCIONES CON VIGOR.

Al Gran León le faltó vigor en su poder y sus acciones. El Gran León no fue absoluto. No fue dictador ni dictatorio. No centralizó el poder. Gobernó la selva delegando poder a sus más cercanos y allegados leoncitos. El Gran León no concentró el poder absoluto en el despacho presidencial.
El Gran León no entendió que al delegar su poder lo debilitaba. Un león sin vigor es un león débil y un león débil es un león vencible y fácilmente reemplazable.

La Gran Hiena venció al Gran León. La Gran Hiena amarró al Gran León.

30. SI TIENES PODER, BUSCAS PODER O NECESITAS MANTENERTE EN EL PODER, DEBES PLANEAR TODO HASTA EL FINAL.

El león no planeó todo hasta el final. Al Gran León le faltó estrategia y plan de cómo conservar el poder. Según el dicho, "Si no planeas, planeas perder", y perdió. Se confió de que con su inteligencia podría improvisar el plan en el camino. A pesar de todo él era el Gran León.

Un plan bien trazado te hace ser activo en vez de pasivo. Un plan bien organizado, bien pensado y bien dirijido, te da todo y cuantos pasos a seguir.
Un plan finito es un cheque al portador.
El Gran León rugía pero nunca tuvo un plan finito.
Creció y se confió de si mismo y de sus leoncitos. Como dicen, el Gran León se durmió en sus laureles.

Al Gran León se le olvidó la más importante lección de la jungla: En esta jungla nadie es "indispensable". Aquí los ciegos ven, los cojos corren, los mudos hablan y hasta los muertos salen a votar, ¡esos condenados!.

La política de esta jungla es tan sucia como la pocilga de cerdos donde hoy está amarrado el Gran León.
En esta pocilga el varraco, come, caga y se mea y los puerquitos se comen la mierda y al igual que los mismos muertos, salen y votan, estos varraquitos también salen y votan por los mismos varracos que les dan a comer su mierda.
¿Qué poder tienen estos varracos? De una manera u otra el león al igual que la hiena, también son varracos. En esta jungla hay mierda para todos. Todo es una mierda y todos o cagan o comen mierda. El Gran León al igual que la Gran Hiena siempre están o cagando o comiendo mierda.

Ambos y quizás todos los que lo rodean y lo protegen, están envueltos, sucios y empastados de esa pasta y manta de mierda que es el vivir día a día en la jungla. En esa mierda, entre ellos mismos es que la Gran Hiena tiene al Gran León en su pocilga, metidos entre la verdadera mierda. Aquí en esta jungla hasta el más perfumado esta perfumado de mierda. *"Polvo eres y en polvo te convertirás"*.

31. Si TIENES PODER, QUIERES PODER O NECESITAS MANTENERTE EN EL PODER, DEBES HACER QUE TUS LOGROS HAYAN SIDO OBTENIDOS SIN MUCHO ESFUERZO.

El Gran León fue el niño prodigio del Gran Profesor "Cabeza Blanca". Ese don se lo otorgó el Gran León mayor. Por ende, su ascenso a la cima y élite del poder absoluto de la jungla fue bajo la luz brillante del león mayor "Cabeza Blanca".

Su ascenso al poder fue rápido, apoyado y guiado de la mano del Gran León "Cabeza Blanca".
Sus logros iniciales fueron obtenidos sin mucho sudor y esfuerzo, pero se complicaron al llegar a la cima del poder y optara por asociarse con unos leoncitos que poco a poco le obstaculizaron el camino.
De repente lo fácil se le convirtió en difícil. De repente, sus logros le costaban mucho esfuerzo. Sus fracasos eran frecuentes. Por ende, poco a poco se fue agotando su energía. El Gran León se veía cansado y agotado. Cuando prestó el poder a la Gran Hiena, se acostó a dormir y durmió a lo profundo, se llenó de canas blancas y arrugas.

Un león dormido, agotado, cansado es un león débil y vulnerable.
La Gran Hiena ve un león vulnerable, lo ataca, lo vence y lo amarra.

La Gran Hiena amarró al Gran León.

32. SI QUIERES PODER, BUSCAS PODER O QUIERES MANTENERTE EN EL PODER, CONTROLA LAS OPCIONES: HAZ QUE OTRO JUEGUE TU JUEGO.

Si quieres poder, buscas poder o quieres mantenerte en el poder, debes controlar todos los aspectos del juego y controlar todas las opciones.
El que tiene poder o necesita controlar el poder no puede permitir que otro controle el juego. Si el poder es tuyo, también el juego tiene que ser tuyo. Este es el juego donde tu pones y controlas todas las reglas, mejor dicho, tú controlas cuando se inicia, manifiesta y se desarrolla el juego, pero más que todo, y esto si es de suma importancia, tu controlas cómo y cuándo termina el juego: Tú siempre eres el ganador del juego.
¿Por qué? Porque tú eres el jefe y el poderoso y el jefe y el poderoso siempre estan bien, aunque este mal. Los otros pueden brincar y saltar pero al final ganas tú y tu poder se impone sobre todo.

El Gran León no supo, no pudo o no lo dejaron controlar el juego político de la jungla. Permitió que otro controlara el juego y las opciones.
El Gran León delegó a otro el control absoluto del juego. El que controla el juego y sus reglas controla el poder. Si no controlas el poder, te arriesgas a perderlo. El Gran León perdió el juego y perdió el poder.
La Gran Hiena al ser mejor jugador y controlador del juego y sus opciones, mantiene y regana el control del juego y usurpa el poder absoluto por toda la jungla.

Una vez la Gran Hiena logra controlar el juego y sus opciones, logra por ende, controlar y mantener el poder. Una hiena poderosa, logra vencer, amarrar y enjaular al Gran León.

La hiena amarró al Gran León.

33. EL QUE TIENE PODER, BUSCA PODER O NECESITA CONSERVARSE EN EL PODER, DEBE JUGAR CON LAS FANTASÍAS DE LOS OTROS.

El que tiene poder o busca poder debe saber que la política en cualquier jungla pero muy en especial en esta jungla es una ciencia incierta.

En esta jungla, todo es fantasía. En esta jungla se vive y se respira humo adornado de sueños y ilusiones. Dentro de la pocilga de puercos, donde habitan los varracos más grandes se prometen y se promulgan sueños de Adas y proyectos imposibles e inalcanzables. Los que habitan la parte de abajo y los que están fuera de la pocilga viven en un delirio, con la cabeza llena de promesas fantásticas pero imposibles de cumplirse.

En el juego de la fantasía con los otros el Gran León tiene un profesorado. Cuantas promesas… que Don tiene el Gran León de saber cómo jugar con las ilusiones y fantasías de todos en la jungla.

Pero como dice el dicho: "Nada dura para siempre". Fueron tantos los cuentos y las promesas hechas por el Gran León a todos en la jungla que, el mismo empezó a creerse sus propias promesas y vivir en sus propias fantasías. Aun cuando su inteligencia y sentido de razón le indicaban lo contrario. El león prometió tanto y exhortaba tantos cuentos fantásticos que comenzó a vivir en su propia fantasía.

Desafortunadamente para el Gran León, y por mala suerte, el pueblo despertó (o lo despertaron) de ese sueño fantástico e hibernación de la realidad donde él lo había llevado. El Gran León siguió soñando e hibernando cuando la jungla y el pueblo despertó.

Dicen los que saben bien del tema, que la Gran Hiena sedó al Gran León para mantenerlo soñando en su mundo de fantasía, mientras que activó el ruido con el que todos en la jungla despertaron.

El Gran León siguió durmiendo cuando ya todos habían despertado. Un león dormido es una presa fácil de amarrar. La Gran Hiena encierra y amarra al Gran León.

34. Si tienes poder, quieres poder o necesitas mantener poder, debes conocer el lado débil o tendón de Aquiles de todos los que te rodean; tantos amigos como enemigos.

Esa debilidad es útil si en algún momento tuvieses que enfrentarte a tu amigo quien ahora es tu enemigo. Si eso sucediera tu sabrías con exactitud por donde atacar. Lo importante de esto es no esperar hasta el último momento. Si no, busca conocer el lado débil de tus amigos desde el primer saludo.

En esto el Gran León, diferente a la Gran Hiena, fué un fracaso.
No conocía o nunca le importó conocer el lado débil de quienes lo rodeaban. Ni de sus amigos, los leoncitos, ni de sus enemigos.
La Hiena en cambio, era más maquiavélica. La Gran Hiena tenía a todos controlados y su mayor control era saber cuál era el punto o los puntos débiles de sus amigos y enemigos.

Cuando la hiena se enfrentó al Gran León ya tenía con exactitud por donde atacar. Fue un pleito y un ataque premeditado.
Atacó y venció.
La Gran Hiena se preparó para la guerra en tiempo de paz.
La Gran Hiena venció, enjauló y amarró al Gran León.

35. SI TIENES PODER O QUIERES MANTENER EL PODER, DEBES TENER UN ESTILO ROYAL. ACTÚA COMO UN REY PARA QUE TE TRATEN COMO UN REY. PERO NO AL EXTREMO DE LA EXCLUSIÓN.

En esta jungla, muy pocos son de alto nivel académico o dedicados a la fina lectura.

Si todos en la jungla son de capacidad ordinaria y común, y tú al tener el poder, luces ser superior y de alta cuña, arriesgas verte muy alto y fuera de la realidad y del día a día de la mayoría de los habitantes de la jungla. En una jungla similar había un reinado donde el Rey era el único que tenía visión y porque era él quien podía ver, era él el Rey.
Todos los ciegos comenzaron a cuestionar: si en esta jungla todos somos ciegos, y el que tiene visión es solo uno, ¿Cómo puede ser él el Rey?

Al día siguiente, el Rey amaneció ciego también y por años se mantuvo siendo Rey. Moraleja: *"Aparenta ser igual que los demás"*.

El Gran León poco a poco perdió contacto con los ordinarios y comunes de la jungla. Llegó el momento que estos ya con el Gran León no se identificaban. Ya no lo conocían.
Si tienes poder y pierdes contacto y comunicación directa con quien o a quienes tú gobiernas, entonces arriesgas perderlo todo.

El Gran León arriesgó y perdió todo. Cuando convocó a la jungla a que de nuevo lo apoyaran no tuvo éxito, ya no lo seguían ya no lo conocían. Perdió el contacto con su pueblo.

La Gran Hiena amarró al Gran León

36. SI TIENES PODER, BUSCA PODER O NECESITAS MANTENERTE EN EL PODER, DEBES PERFECCIONAR EL ARTE DEL TIEMPO.

El Gran León no supo o no pudo aprovechar el tiempo. Se olvidó o no entendió que aunque la jungla estuviese llena de animales y varracos, ya en esta jungla no existen indios inofensivos. Los descendientes de aquellos indios ya saben leer, piensan y conocen. Saben cuando algo es bueno, malo o pasable. También saben cuando "la guayaba esta podrida".

Al Gran León se le fue pudriendo la guayaba sin el darse cuenta, o él o los leoncitos que lo rodeaban, no supieron proteger y cuidar el brillo y la luz del poder. Fue tanto el desorden organizado alrededor del león (nadie sabe si era o no era autorizado por el mismo león) que poco a poco se le fue apagando la luz.

Dejaron al león sin brillo. Poco a poco fueron oxidando al Gran León.
Un león oxidado es un león podrido.
La jungla vivió en carne viva las consecuencias del desorden y cuando el Gran León les pidió ayuda para la reacción del oxidante, en vez de ayudarlo, le echaron más oxígeno radical para que se oxidara y se pudriera más rápido.

Un león podrido es un león débil.
Se debilitó el Gran León y amarraron al Gran León.

La Gran Hiena se aprovechó y amarró al Gran León.

37. Sɪ ᴛɪᴇɴᴇs ᴘᴏᴅᴇʀ, ʙᴜsᴄᴀs ᴘᴏᴅᴇʀ ᴏ ɴᴇᴄᴇsɪᴛᴀs ᴍᴀɴᴛᴇɴᴇʀᴛᴇ ᴇɴ ᴇʟ ᴘᴏᴅᴇʀ, ᴅᴇʙᴇs ᴏᴅɪᴀʀ ʟᴀs ᴄᴏsᴀs ǫᴜᴇ ɴᴏ ᴘᴜᴇᴅᴇs ᴛᴇɴᴇʀ. Iɢɴóʀᴀʀʟᴀ ᴇs ᴛᴜ ᴍᴇᴊᴏʀ ᴠᴇɴɢᴀɴᴢᴀ.

El que tiene poder, busca poder o quiere poder debe odiar e ignorar todas las cosas que no puede tener.

El Gran León en esto fracasó en lo absoluto.

El Gran León cuando se dió cuenta que no le sería posible regresar al poder, debió odiar el poder.

Debió ignorar el poder.

Debió ignorarlo hasta que otros vinieran por él a rogarle que volviera.

Pero nadie exigía el retorno del Gran León. Pero su orgullo fue mayor. Se creyó mayor, después de todo, él era el Gran León de toda la selva, y si el decía yo vuelvo, yo vuelvo.

El Gran León se olvidó que otros eran los tiempos y otros eran los grandes leones. El Gran León no se dió cuenta que sus pasos estaban pisados por la Gran Hiena.

El Gran León no se dió cuenta que estaba siendo perseguido y casado por la Gran Hiena, y que esta donde ponía el ojo ponía la bala.

El Gran León por insistir en regresar a algo que no podía obtener y por su orgulloso creído se dejó cazar por la Gran Hiena.

La Gran Hiena amarra al Gran León.

38. Si quieres poder, buscas poder o necesitas mantenerte en el poder, debes crear un espectáculo de convencimiento.

El Gran León no perfeccionó el arte de convencimiento. Se creyó el más educado, el más alto, el más preparado, el prodigio elegido y por ende, se creyó que era él y solo él, el que más merecía mantener el poder absoluto de toda la jungla.

Por está postura, el Gran León dió por seguro que cuando fuese necesario podría convencer a todos en la jungla. Pero, como dice el dicho: *"Le salió el tiro por la culata"*.

Cuando estuvo en el poder fue tan permisivo con el desorden efectuado por sus leoncitos (y muchos dicen y juran que por él también) fue perdiendo credibilidad y poder de convencimiento.

Cuando les hizo el llamado a su jungla y trató de convencer a todos que apoyasen su regreso al poder, les respondieron no. ¡¡¡Tú y ustedes comían todos solitos!!!! ¡No, no, NO!

La Gran Hiena entendió ese rotundo "NO". Ese rotundo rechazo de la jungla al Gran León, eran un gran "Si" para la Gran Hiena.

La Gran Hiena convenció a la jungla que ella era mejor opción.

La jungla la aceptó. Una vez aceptada, la Gran Hiena tenía preparada su estrategia de como amarraría al Gran León.

Según me dijeron los que saben de la materia, la Gran Hiena conquistó a varios de sus leoncitos, los cambió a ser miembros de su equipo y una vez en su equipo los usó, les extrajo todo tipo de información comprometedora contra el Gran León. ¡¡¡Los leoncitos ayudaron a amarrar al Gran León!!!

La Gran Hiena amarró al Gran León.

39. Sɪ QUIERES PODER, BUSCAS PODER O DESEAS MANTENERTE EN EL
PODER, DEBES PENSAR COMO DESEES, PERO COMPÓRTATE COMO
LOS DEMÁS.

El Gran León se comportaba muy exclusivo. A cierto momento la jungla
ya no lo veía como uno de los demás. Lo veían lejano, un extraño. Según
la jungla, el Gran León vino, logró lo que quiso y de nosotros se alejó.
El Gran León dejó un vacío en la jungla. Él no se sentía en la jungla,
estar y no estar era lo mismo. Él estaba pero para la jungla era como si
el no estuviese o quizás, solo estaba para surtir las necesidades de sus
leoncitos. El Gran León no surtió las necesidades de la jungla.
La Gran Hiena ve este vacío y lo llena. La jungla se identificó con la
Gran Hiena y olvidó al Gran León.
Un león olvidado es un león débil. Un león débil es un león amarrado.
La jungla ayuda a que la hiena amarre al Gran León.

40. Sɪ QUIERES PODER, BUSCAS PODER O NECESITAS MANTENER EL PODER,
DEBES DE VEZ EN CUANDO REMOVER EL AGUA PARA PESCAR LOS PECES.

El Gran León estaba rodeado de unos leoncitos peligrosos. Como dicen
por toda la jungla, ese león estaba rodeado de unos "pejes grandes, unas
pirañas peligrosas".
Estos peces poco a poco se estaban comiendo la jungla: no sólo se iban
comiendo las hojas, las ramas, el trunco, si no también la raíz de la
jungla. Estos peces eran pirañas…
Estas pirañas, estos bárbaros leoncitos no entendían que si te comes la
raíz del árbol, jamás renacerán los frutos. Eso es comértelo todo hoy sin
importarte el mañana.

El Gran León pudo remover el agua para espantar a sus leoncitos (sus pirañas) que dejasen de comerse hasta la raíz de la jungla. Permitió el desorden y fracasó. No lo hizo y lo castigaron.
La jungla lo castigó.

Un león castigado es un león débil. Un león débil es un león amarrado.
La Gran Hiena amarró al Gran León.

41. Si quieres poder, buscas poder o necesitas mantenerte en el poder, no debes olvidarte que no hay almuerzo grátis.
Todo almuerzo tiene su precio.

El Gran León fue invitado y él aceptó, aceptó almuerzos grátis. De una manera ilógica, todo almuerzo grátis termina teniendo un gran precio.
El precio del favor y compromiso.
Recuerdas que nunca se le dice que 'NO' a quien te dió de comer.
El Gran León llegó al poder muy comprometido. "Estos favorcitos" a cierto momentos durante su poder por toda la jungla, tendría que pagarlo.
Y lo pagó con intereses compuesto al exponente mayor.

Es ahí donde se origina el caos y el gran desorden organizado. El Gran León no pagó nada, de sus bolsillos no salió nada. Los favorcitos del Gran León lo pagaron todos y cada uno de los habitantes de la jungla.
El se comió su almuerzo y la jungla la pagó y según dicen bien caro.
Algunos dicen que fue tanto lo que se pagó por el Gran León (pagado a sus leoncitos y quizás también a él mismo) que pasaran muchos, pero muchos años para que (quizás) recuperarse de las deudas del Gran León.
Dicen los más expertos en el tema que esos pagos (sobrecargados) poco a poco se fueron revelando ante la jungla. Y que algunos leoncitos (tres

en particular) cobraron tanto que evidenciaron al Gran León: ¿De dónde y cómo sacaron esos tres leoncitos tanto "cuartos"? Esta era la pregunta que se regó como fuego envuelto en brisa por la jungla. De su trabajo decían algunos y del fraude decían los muchos.

Se regó por toda la jungla que solo comía él y sus más allegados leoncitos. "El Gran León era un mal pecho" todo era para ellos. *"No dejaban caer ni las boronitas".*

Esta reputación despertó rencor y odio por toda la jungla contra el Gran León. Según me contaron, el rencor, odio y falta de respeto fue tan grande que por algunos lugares que viajaba lo esperaban con piedra y palo. "Fuera el león" le gritaban.
Un león odiado, un león sin respeto es un león débil. Un león débil es un león amarrado.

La Gran Hiena se aprovecha de ese odio y falta de respeto y amarra al Gran León.

La Gran Hiena amarró al Gran León.

42. Sɪ ǫᴜɪᴇʀᴇs ᴘᴏᴅᴇʀ, ʙᴜsᴄᴀs ᴘᴏᴅᴇʀ ᴏ ɴᴇᴄᴇsɪᴛᴀs ᴍᴀɴᴛᴇɴᴇʀᴛᴇ ᴇɴ ᴇʟ ᴘᴏᴅᴇʀ, ɴᴏ ᴅᴇʙᴇs ᴍᴇᴛᴇʀᴛᴇ ᴇɴ ʟᴏs ᴢᴀᴘᴀᴛᴏs ᴅᴇ ᴜɴ ɢʀᴀɴ ʜᴏᴍʙʀᴇ.
Un león líder debe andar en sus propios zapatos y marcar su propio destino.

El Gran León fue el león preferido. El leoncito prodigio, elegido por el Gran León Profesor "Cabeza Blanca".

El Gran León ascendió al poder metido en los zapatos del Gran Profesor "Cabeza Blanca". Mantener los pies metidos en esos zapatos no le sería fácil.

Cuando el Gran Profesor "Cabeza Blanca" te elige como su niño prodigio, eso te dá un acelerón a la cima del poder que ni con los millones de Carlos Slim lo puedes hacer.
Pero desafortunadamente te compararon con el dueño de los zapatos.
Aun más importante, el niño prodigio es también el niño envidiado y el niño más odiado.

Al Gran León lo envidiaron y lo odiaron desde el principio.
El odio es rencor. El rencoroso busca y planea estrategia de venganza.
El Gran León tuvo muchos rencorosos a su lado y esa se convertiría en causa primordial del fracaso del Gran León.
La hiena es un animal muy rencoroso. La Gran Hiena siempre odió al Gran León. En su círculo de amigos más cercanos, en varias ocasiones se le escuchó murmurar: "Porque fue él, el escogido y no yo." "algún día ese hijo de 'p' la pagara."

La Gran Hiena vivía toda una vida planeando y esperando ese día donde haría que ese hijo de 'p' la pagará, y cuando por fin ese día llegó, no tuvo piedad. Atacó como una Gran Hiena ataca a una ovejita indefensa. Lo devoró, lo desangró. Hemorragia total.

Dicen los que presenciaron el ataque desde cerca que el león salió vivo porque algunos leoncitos le rogaron a la Gran Hiena que no lo matara. Que eso no sería bueno para la jungla. No quedó ninguna duda que la Gran Hiena pudo darle la herida mortal al Gran León.

Este gran error en su momento, la Gran Hiena lo lamentará. Se olvidó que al enemigo se elimina de una vez y para siempre.

La Gran Hiena decidió por amarrarlo y enjaularlo.
La Gran Hiena amarró al Gran León.

De una manera ilógica, la misma razón por la cual el Gran León ascendió tan rápido al poder, esa misma fue la causa de su derrumbe y fracaso por la cual hoy está el enjaulado.

43. Si QUIERES PODER, BUSCAS PODER O NECESITAS PROTEGER EL PODER, DEBES GOLPEAR EL PASTOR DE LAS OVEJAS Y LAS OVEJAS SALDRÁN CORRIENDO.

En esto, el Gran León fracasó totalmente. Cuando tuvo la gran oportunidad no golpeó a la Gran Hiena para que las hienitas salieran corriendo.
En una jungla tan pequeña como la nuestra no pueden existir y convivir un Gran León y una Gran Hiena.

¿Por qué? Porque ambos son carnívoros. Porque ambos competen por las misma presas y ambos quieren comer de la misma carne casada. Ni a uno ni al otro les gusta compartir de la carne casada.
La Gran Hiena entendió esto y atacó y golpeó al Gran León, espantando así a los leoncitos. Los leoncitos se alinearon y los que no sé alinearon los metió presos.
El Gran León falló en pensar que podría convivir con una Gran Hiena.
¡Que tonto fue el Gran León!.
Por ser tonto y permisivo es que hoy está amarrado el Gran León.

44. EL QUE BUSCA PODER, DESEA PODER O NECESITA MANTENERSE EN EL PODER DEBE, TRABAJAR CON EL CORAZÓN Y LA MENTE DE LOS DEMÁS.

Tanto el Gran León como la Gran Hiena en esto fracasaron. El Gran León ya está enjaulado y de una manera ilógica, la Gran Hiena va por el destino, por creída, confiada y según dicen muchos por prepotente. Ambos se creen que esta jungla es de ellos. Por ende, hacían y aún hacen de la jungla todo cuanto les dé sus ganas.

La jungla se ha convertido en su ATM cajero personal automático. Por delante y de frente aparentaban tener las manos y caras limpias. Ellos no se ensuciaban en el desorden. Pero por detrás, les permitían o exhortaban a los leoncitos y las hienitas a que arrasaran con todos los bienes y riquezas naturales en la jungla y cuando no había, cogían prestado en el extranjero para que siguiera el desorden.
Ambos dicen que el desorden no entra en su despacho. Claro, no entra porque de ahí es que sale.

Según dicen varios en la jungla, éste último préstamo por la Gran Hiena (aunque ella diga que no, que ella no sabe nada de ese préstamo) tiene a todos nerviosos y a varios temblando.
En toda jungla del mundo hay maestría en corrupción. En esta jungla hay profesorados.
El Gran León y la Gran Hiena, se les ha olvidado que ellos no tienen controlado el corazón y la mente de los habitantes de la jungla. Eso era antes quizás cuando existían indios. Se olvidan que eran otros los hombres y eran otros los tiempos.

La Gran Hiena amarró al Gran León.

Roberto Feliz, MD

45. EL QUE TIENE PODER, BUSCA PODER O NECESITA CONSERVAR PODER, DESARMA Y EN FURIA CON EL EFECTO DE ESPEJO.

La Gran Hiena usa el efecto del espejo para verse dos por uno. Tiene dos caras. La positiva y la negativa. Por un lado, aparentan ser una cosa y por el otro aparentan ser otra.

¿Cuál de las caras te muestran?
Depende de su propósito y de su meta, con la cara positiva te convencen, te duermen y te amarran y con la negativa te enfurian.

Lo inexplicable de todo es que este efecto del espejo lo usó el Gran León contra la Gran Hiena y la Gran Hiena contra el Gran León.
En esta jungla es como la famosa salsa de Henry Fiol, *"Aquí es donde perro come perro"* y la corrupción nos mata. En esta jungla la corrupción es endémica, roba el Gran León, la Gran Hiena, los leoncitos y las hienitas. Roban los que dicen ser buenos y los que dicen ser malos. Roban los blancos y los negros. Roban los serios y los no serios. Aquí, en esta jungla, el que no es corrupto roba lo que no le pertenece. Endémica también es el dengue y la chikungunya. La corrupción es igual al dengue y la chikungunya nos jode a todos. Estamos todos jodidos en esta jungla.

La Gran Hiena tiene amarrado al Gran León. Pronto también estará amarrada la Gran Hiena. De este desorden nadie se escapa.

46. EL QUE TIENE PODER, BUSCA PODER O NECESITA CONSERVAR EL PODER, DEBE ARGUMENTAR LA NECESIDAD DEL CAMBIO PERO NUNCA REFORMAR O HACER CAMBIOS MUY RÁPIDO.

Aunque ya no hay indios ignorantes y salvajes, no debemos olvidar que una jungla es una jungla y esta es una jungla de tolerancia y un perpetuo desorden organizado.

El Gran León no entendió esto y quiso hacer grandes cambios por toda la jungla, cambios que quizás la misma jungla no estaba preparada para obtener.

El Gran León pudo ser histórico. Pudo haberse casado con la historia. Pudo ser legendario, icónico, y no fue nada. Si el Gran León hubiese limpiado la pocilga de cerdo, hubiese acabado con todos esos varraquitos y esas hienitas que lo rodeaban, su destino hubiese sido otro.
Pero permitió el desorden.
Se casó él también con la corrupción y el fraude. Optó por bañarse de lodo en la misma pocilga que el pudo limpiar pero que al final terminó encerrado en ella. Hoy está sucio y manchado el Gran León y es lamentable. Él y solo él pudo haber barrido y limpiado todo la jungla.
De una manera ilógica, la Gran Hiena va rumbo al mismo destino. Ni ella ni el Gran León optaron por ser históricos, legendarios, icónicos en su jungla. Pudieron hacer tanto bien y prefirieron hacer tanto mal.
Como dice el gago de mi pueblo:
¡Que…que… que sufran los condenados!.

47. EL QUE QUIERE PODER, BUSCA PODER O NECESITA MANTENER EL PODER, NUNCA DEBE APARENTAR SER MUY PERFECTO.

El Gran León, al igual que la Gran Hiena aparentaban ser intachables. Pero los acontecimientos seguidos los fueron desnudando hasta convertirlos en comunes y tachables.

En la jungla existió un Gran León casi ciego quien en varias veces dijo: "la corrupción comienza desde la puerta de mi despacho para afuera" ¡¡¡Mentiroso!!!, en esta jungla la raíz, el cordón umbilical de la corrupción siempre nace en el escritorio del mismo despacho donde se sientan los grandes leones y los grandes varracos. Este es el centro de la pocilga de cerdos.

Es desde ahí, donde la Gran Hiena amarró al Gran León.

48. SI QUIERES PODER, BUSCA PODER O DESEAS MANTENERTE EN EL PODER NUNCA TE DEBES PASAR DE LA RAYA.

Debes saber hasta dónde te permite llegar el éxito y el mismo poder. Recuerda que hay reglas naturales que rigen el poder.

Y en esto, tanto el Gran León como la Gran Hiena fracasaron. Ambos se les olvido o nunca lograron entender que en esta jungla la bola siempre pica y se extiende y que los indios ya despertaron.

A la Gran Hiena (y según dicen también al Gran León) se les ha complicado el juego. Apostaron todo al juego del fútbol. Se comprometieron con los de la jungla de donde es oriundo el gran Pelé.

Esa unión de varracos de estas dos junglas sonó, suena y olió siempre a peligro.

Todos en esta jungla están nerviosos. Están todos comprometidos. Los grandes varracos, los varraquitos, la Gran Hiena, las hienitas, el Gran León y los leoncitos.
Todos tienen el trasero apretado porque esa bomba internacional está por explotar. Dicen que la mayoría no duermen por la ansiedad y se levantan por la noche con ataque de diarrea y espasmos abdominales.
Es que cuando se les hace un agujero al mosquitero, los mosquitos pican, pican y pican.

Luz y electricidad para todos era la promoción de estos grandes varracos por toda la jungla. Pero los únicos con luz y bolsillos llenos de verdes eran ellos y sus varraquitos.

Ahora dicen los grandes varracos, tanto el Gran León como la Gran Hiena, que no sabían nada. Que si hubo irregularidades, fueron causadas por algunos leoncitos y hienitas, pero no por ellos, que la firma de ese contrato no fue por la Gran Hiena o el Gran León. ¿Y quién que no fuera ellos? Nadie se hubiera atrevido a firmar ese contratazo sin el implícito conocimiento y autorización de la Gran Hiena o el Gran León.

Como dice el dicho, "Métanme el dedo en la boca a ver si yo muerdo". En esta jungla donde la corrupción es endémica, y donde solo existe una sola institución con poder y autoridad, como que no sabían que habrían muchos que se llenarían los bolsillos y se abrirían muchas cuentas: Suiza, Panamá, Islas Caimán.

Roberto Feliz, MD

De esta situación, de este desastre y de este atropello contra la jungla, ni el Gran León dice nada ni la Gran Hiena dice nada. Es como si de repente estos dos se han unido en un complot de silencio. Que será lo que el uno sabe del otro y el otro del uno. Sería interesante saberlo.
Pero como dice el dicho, "Una cosa es saber lo que mastica la chiva, pero otra cosa muy distinta es saber lo que mastica un varraco".

Al Gran León y a la Gran Hiena se les olvidó que para mantenerte en el poder no te puedes pasar de la raya.
Es normal por toda la jungla, que en todo proyecto nacional se sobrecargue y se sobrevalore un 5%, 10% y hasta un 15 % para cubrir "las famosas comisiones y los compromisos adquiridos." En este proyecto de electricidad para toda la jungla se pasaron de la raya, sobrevaloraron en un 200%. Según les oí decir a un comentarista, ¡¡¡Son unos bárbaros!!!!.

Este descuido y falta de diligencia, permisivo o no, por parte de la Gran Hiena de una manera ilógica la encamina al mismo destino del Gran León. Ambos amarrados en la pocilga de puercos que ellos mismos ayudaron a construir. En esta jungla ya no hay Indios. Ya los indios despertaron y están enterados del gran desorden organizado.

49. Si quieres poder, buscas poder o necesitas mantener el poder, debes asumir y volverte sin forma, líquido.

El Gran León y similarmente la Gran Hiena se definieron, se volvieron rígidos y se encasillaron en su estilo y manera de ser. Todos sabían la manera de ser, de actuar y ejecutar del Gran León. Pero sobre todo se volvieron tolerantes y pasivos.

Ambos debieron barrer y limpiar la pocilga de cerdos que poco a poco los iba comprometiendo.

Barrer con los leoncitos y hienitas causantes del desorden por toda la jungla. Desorden moral y financiero que poco a poco iría destruyendo como plan final toda la jungla. Poco a poco toda la jungla se convertiría en la pocilga de puercos donde quedaríamos embarrados todos.

Hoy tenemos lodo hasta en el cuello. A todos, culpables y no culpables, causantes o no causantes, participantes ó inocentes, nos toca pagar todo este fraude y desorden.

Es que aquí en esta jungla todos al final somos culpables. No solo el Gran León y la Gran Hiena y sus más cercanos cómplices si no también sus fieles y devotos seguidores por defenderlos y protegerlos permitiéndole así y dándole así rienda suelta a este grupo de varracos a que hagan y deshagan en nuestra jungla lo que les diera sus respectivas ganas sin tregua, arrepentimiento o temor de penalidad alguna.

Como dice el gago de mi pueblo, "E, e… e.. que aquí está contamina'o to'. Eh… eh… eh que to' son unas ratas y sabandijas. Hay que buscar la escoba y un galón de cloro y a escobazos y cloro con to'.

Y a los varracos más grandes, esas garrapatas chupa sangre, eh… eh… eh.. echarle también creolina.

Yo estoy de acuerdo con el gago.

Solución final: Barrerlos a to'. Cloro con to'. Creolinas con to'.

¡De que se, van se van!

Y como también dice el gago de mi pueblo:

¡¡Que vallan recogiendo sus maletas porque de que se van se van!!.

50. LA AUTO-DESTRUCCIÓN

Todo sistema al pasar el tiempo se autodestruye.
Es inevitable. Al paso del tiempo todas las cosas se oxidan, se van
degenerando y se destruyen.

A está pocilga de cerdos les llegó su entropía. Entropía es la tendencia
natural que tiene todo sistema al desorden y al derrumbe.
Me dicen que todos en la jungla están alborotados. A estos varracos les
llegó su noche buena. Estos varracos, tan guapos que aparentaban ser
ahora se esconden en el "No, yo no fui, eso fue él". Se están tirando los
trapitos a la calle.

¡¡Cobardes!! si tuvieron faldas y pantalones para delatar contra la jungla,
porque no tienen la mismas faldas y pantalones para aguantar el fuego.
Si eran buenos cocineros, ¿Por qué ahora le huyen a la cocina?.

Lo que es ilógico es que son del mismo equipo. El equipo de barracos y
barraquitos, hienas y hienitas que una vez formó el Gran León Cabeza
Blanca hoy se están matando unos con otros.

No hay calma en la pocilga de cerdos que todos lograron crear y donde
hoy están todos camino a ser enjaulados, todos en su momento serán
compañeros enjaulados del Gran León, entropía total en la jungla: los
aviones, la isla, los de donde es oriundo el gran Pelé; las ventas
nacionales, los mosquitos del dengue, chikungunya y el zika, los
terrenos y cañaverales; todo este desorden los lleva a su autodestrucción.
¡Entropía total!

¿Y cuándo se vayan? Cuando estallé la gran bomba lo que ha ocurrido en esta jungla hasta ahora no es nada comparado con lo que pronto va a estallar. ¡Ay! si los comunicadores de esta jungla fueran libres de comunicarse. ¡Ay!, si la prensa fuera libre y hablara, preguntarían por ejemplo;

¿Y cómo es que ese varraco, el magnate de las telecomunicaciones tiene todo eso? En sus grandes empresas no se vende nada, no se anuncia de nada. Sin embargo, son los más grandes en telecomunicaciones, tienen de todo.

¿Y cómo lo hacen?
¿Eso es de él o de quién?
¿Manos limpias o manos sucias?

¡Ay! ¡¡Cuando eso explote!!... ¡Hasta yo tengo mie'o!

Para todos en mi jungla, yo dije la pura y absoluta verdad.

Roberto Feliz, MD.